DES
VOIES ROMAINES

SORTANT DE RENNES

(ILLE-ET-VILAINE),

Par M. Bizeul, de Blain,

MEMBRE DE L'INSTITUT DES PROVINCES, CORRESPONDANT DE LA
SOCIÉTÉ DES ANTIQUAIRES DE FRANCE, DE LA SOCIÉTÉ
ACADÉMIQUE DE NANTES, ETC.

Sparsa et neglecta coegi.
(CL. FAUCHET.)

NANTES,
IMPRIMERIE DE Mme VEUVE CAMILLE MELLINET.

—

1848.

VOIE ROMAINE

DE RENNES VERS AVRANCHES,

PAR M. BIZEUL.

Le président de Robien, dans son *Abrégé de l'histoire ancienne de la Bretagne*, Mss., à la bibliothèque de Rennes, a, le premier, mentionné un fragment de cette voie. « Le chemin qui passe près Romazy, dit-il, se ren-
» contre encore dans les landes d'environ deux lieues, où
» on le reconnoît par une portion de pavé assez délabrée.
» Il se rendoit, de même que plusieurs autres, au bourg
» de *Fains*, qui paroîtroit avoir tiré son nom de la jonc-
» tion de tous ces chemins, qui semblent y prendre *fin*. »
Cette remarque doit être antérieure à 1750.

Ogée, dans le t. 4 de son Dict. hist. de Bret., 1780, article Romazi, se contente de dire que « *auprès du bourg*
» est un chemin romain, au sujet duquel il a demandé
» des instructions qu'il n'a pu obtenir. »

Voilà donc à peu près un siècle que la remarque de

M. de Robien subsiste, sans avoir donné lieu à des recherches ultérieures. Le bourg de *Fains*, sur lequel il indique la direction de la voie de Romazi, a été l'objet de quelques dissertations peu concluantes ; mais, tout en disant que Fains était l'*ad fines* de la voie donnée par l'itinéraire d'Antonin comme allant de *Condate* à *Cosediæ*, personne ne s'est occupé d'en retrouver les vestiges entre Rennes et Fains, ou, pour parler plus exactement, ainsi que nous allons l'établir, entre Rennes et Romazi.

Cette découverte était réservée à notre époque, et elle est due à M. Marteville, éditeur et annotateur de la réimpression du dictionnaire d'Ogée.

Ayant été appelé par M. de la Grasserie pour voir les vestiges d'un ancien camp, en la commune de Chasné, M. Marteville, en parcourant le pays, arriva sur un vieux chemin, qui, par la rectitude de son tracé, sur une longueur de 350 mètres environ, le frappa vivement. Un de ses amis, qui l'avait accompagné chez M. de la Grasserie, rit beaucoup de l'opinion exprimée par M. Marteville que ce pouvait être une voie romaine ; mais celui-ci eut sa revanche quand les voyageurs, en suivant ce vieux chemin, arrivèrent à un village que les paysans leur nommèrent le *Chemin-Chaussée*. Ce nom est en effet très-significatif, et se retrouve sur toutes les voies romaines de la Bretagne.

Cette première découverte décida M. Marteville à poursuivre ses recherches. Il trouva, sur les plans du cadastre, que ce chemin, à l'endroit même où il l'avait observé, formait limite entre les communes de Moüazé et de Chasné, et que les délimitateurs l'avaient indiqué sous le nom de *vieux chemin de la duchesse Anne ;* que plus loin, en suivant toujours la direction N.-N.-E., on le retrouve en la commune de Saint-Aubin d'Aubigné, près d'une ferme dite la *Motte*, parcourant la lande de Gahard dans une longueur directe de 1,200 mètres au moins. En cet endroit, il forme limite entre les communes de Saint-Aubin et de Gahard, et est indiqué comme *restes d'un vieux chemin allant en Normandie.*

M. Marteville s'empressa de communiquer ces observations à M. de la Grasserie, en lui disant que, selon toute apparence, la voie devait passer à 200 mètres à l'E. de sa propriété (la Garouyère) et traverser la petite rivière de l'Islette à son moulin de Launay. M. de la Grasserie confirma toutes ces conjectures, en rapportant à M. Marteville que le vieux chemin dont il lui parlait passait effectivement sur ses terres; qu'il se rappelait avoir, il y a quelques années, détruit sur une ligne droite, aboutissant au point indiqué comme passage de l'Islette, un vieux chemin ferré, qui séparait deux champs qu'il voulait réunir; qu'au passage de la rivière, le lit en est encombré de grosses pierres, à tel point qu'il n'y a pas dessus plus d'un pied d'eau en été.

Reprenons un peu la ligne parcourue par M. Marteville, et suivons-la sur la carte de Cassini.

Le village du *Chemin-Chaussée* est à environ 14 kilom. au N.-N.-E. de Rennes; à 2 kilom. au N.-N.-O. de l'ancienne abbaye des bénédictines de Saint-Sulpice, fondée en 1106 par Raoul de la Fustaie, disciple de Robert d'Arbrissel (1); enfin, à 2 kilom. et demi au S.-O. du bourg de

---

(1) J'ai déjà remarqué que la plupart de nos plus anciennes

Chasné, où se trouve un camp romain, dont nous parlerons tout à l'heure.

De Rennes au *Chemin-Chaussée*, toute indication nous manque encore; mais nous espérons que M. Marteville ne laissera pas son œuvre imparfaite, et qu'il pourra employer avec succès, pour retrouver le tracé de la voie, le moyen qui lui a si bien réussi, celui de la délimitation cadastrale des communes. Il est à croire, en effet, que la voie sert de limite à Betton et à Liffré, et peut-être à Saint-Sulpice et à Chevaigné. Une petite exploration du pays vaudrait encore mieux que cette conjecture.

La voie est très-apparente dans la commune de Chasné, depuis le village du *Chemin-Chaussée* jusqu'à celui du *Chêne-des-Plaids*.

Nous avons vu ci-dessus qu'elle traversait la petite rivière de l'Islette au moulin de *Launay*, à 2 kilom. et demi N.-N.-E. du village du *Chemin-Chaussée*, à 200 mètr. à l'E. du château de la *Garoyère*, à 2 kilom. N.-O. du bourg de Chasné, et à égale distance S.-E. de celui de Saint-Aubin d'Aubigné.

Je donne toutes ces distances, relevées avec soin sur la carte de Cassini, parce qu'il me paraît essentiel d'établir avec le plus d'exactitude possible les deux points du village du *Chemin-Chaussée* et du moulin de *Launay* sur l'Islette. Ces deux points, séparés par une distance de 2,500 mètres, nous donnent une direction N.-N.-E qui nous faci-

---

abbayes ont été construites dans le voisinage des voies romaines; en voici un nouvel exemple.

litera les recherches en allant à Romazi retrouver le fragment observé, il y a un siècle, par le président de Robien, et une direction S.-S.-O. qui nous prouve que la voie que nous explorons tendait évidemment sur Rennes.

Après avoir franchi l'Islette au moulin de *Launay*, M. Marteville, suivant toujours la ligne N.-N-E., a reconnu la voie à la ferme de la *Motte* et au village du *Mezeray*, en Saint-Aubin; puis, l'a vue se développer sur la lande de Gahard, dans une longueur de plus de 1,200 mètres. En prolongeant cette ligne, il est à croire qu'on arriverait à la grande route moderne de Rennes à Antrain, vers un monticule placé sur le bord occidental de cette route, et sur lequel existait une justice patibulaire à trois poteaux, marquée sur la carte de Cassini. Ce monticule est à un peu plus de 2 kilom. N.-O. du bourg de Gahard. Il est possible que de ce point jusqu'au village de Sautoger, et même jusque vers celui de Mezbée, entre les bourgs de Sens et de Vieux-Vy, la voie et la route moderne soient confondues; car cette partie de la route, qui n'a pas moins de 4 kilom. de longueur, se raccorde parfaitement avec la direction générale N.-N.-E. que suit la voie antique, et M. Marteville a parfaitement remarqué que si on continue cette direction au-delà du point où nous sommes arrivés, on parvient, au bout de 2 kilom., au village du *Chemin*, placé à moins d'un kilomètre de la grande route, et à 2 kilomètres N.-O. du bourg de Vieux-Vy. Ce nom de village du *Chemin* nous paraît presque aussi significatif que celui de *Chemin-Chaussée*, surtout à la place où il se trouve, dans la direction précise de la voie que nous recherchons;

et à 2 kilomètres au S. du bourg de Romazy, dans le voisinage duquel le président de Robien a signalé un fragment de voie d'environ 2 lieues de longueur, dont j'ai déjà parlé. Il est même plus que probable que ce fragment a été observé dans l'espace compris entre les villages de Mezeray et de Mesbée; et il devait être le seul chemin praticable dans cette direction, avant que le duc d'Aiguillon eût fait exécuter la route de Rennes à Antrain. M. Delafosse, de Bazouges-la-Pérouse, a bien voulu m'informer qu'il a vu, il y a une vingtaine d'années, dans la lande de Sautoger, cette portion de pavé dont parle M. de Robien, portion très-délabrée et qu'on a transformée en un empierrement, d'après le nouveau système. Il ignore, ajoute-t-il, si le pavé lui-même était d'origine romaine; mais ce qui lui semble très-vraisemblable, c'est que les belles lignes qui forment la route moderne depuis la hauteur d'Andouillé jusqu'à Mez-Bée, c'est-à-dire dans un parcours de 6 à 8 kilomètres, ont appartenu à la voie antique.[1]

Nous nous arrêterons ici; car au-delà nous ne connaissons pas ce fragment de manière à pouvoir le tracer sur la carte de Cassini, et nous sommes réduits aux conjectures.

Mais je crois à propos de nous reporter en arrière, et d'examiner plusieurs monuments que je considère comme accessoires de la voie qui nous occupe, comme leurs analogues le sont de toutes les nombreuses voies que j'ai parcourues jusqu'ici. Ce sont trois camps, ou au moins des ouvrages de fortification que je crois romains. Quelques personnes les ont pris pour ce qu'on nomme *mottes féodales*. Mais je dois déclarer, une fois pour toutes, que j'ignore entièrement ce qu'on entend par *motte féodale;* que je n'en ai jamais vu, et que je n'en ai pas trouvé la moindre trace dans les chartes qui m'ont, en grand nombre, passé sous les yeux.

Le premier de ces camps est situé près du bourg de Chasné, presque vis-à-vis de l'église, à moins de 2 kilom. à l'E. de la voie romaine. M. Marteville l'a observé. Il en parle dans sa note sur l'article *Chasné,* d'Ogée, et nomme cet ouvrage de fortification une *triple motte féodale.* Je concevrais, à la rigueur, une seule et unique motte féodale. Je ne puis me l'expliquer *triple.* « Cette motte, dit-il,
» a encore, du côté ouest, ses fossés assez bien conser-
» vés. Du côté E., on voit, à quelque distance, un bout
» de fossé tracé en droite ligne, et qui donne à présumer
» que jadis ces trois mottes servaient de travail avancé à
» une enceinte très-vaste. Il faut, du reste, ajoute-t-il,
» remarquer que cette supposition acquiert plus de force
» par l'observation que l'église actuelle a dû être bâtie
» dans cette enceinte féodale, ce qui est conforme aux
» habitudes de cette époque. »

Tous ceux qui ont observé les nombreux et quelquefois immenses travaux de campement dont les Romains ont accompagné les voies qu'ils traçaient en Bretagne, et on peut même dire dans toute la Gaule celtique, ceux-là n'hésiteront pas à prendre la vaste enceinte de Chasné pour un camp romain, et les trois mottes que l'auteur considère comme des ouvrages avancés, et dont il a remarqué les *fossés* encore assez bien conservés, pour cette partie du camp plus resserrée, mais plus fortement défendue que le reste, partie qui est devenue, dans les châteaux du moyen âge, le *donjon* ou *petit château*. Au reste, il est nécessaire, quand on explore de semblables monuments, d'en relever un plan géométrique ou simplement visuel. Ces plans valent mieux que toutes les descriptions, quel que soit le talent du narrateur.

Le second camp, ou plutôt ouvrage stratégique en terre, est situé à environ 2 kilomètres et demi à l'O.-N.-O. du bourg de Gahard et à plus de 3 kilomètres au N.-E. du bourg d'Andouillé, à quelques centaines de mètres à l'O. du village du Vivier, entre les bois de Borne, de Vieux-Vy et de l'étang de Vassot, aux limites des communes d'Andouillé, de Sens et de Gahard, le long de la route moderne de Rennes à Antrain, tout près de ce monticule sur lequel existait la justice seigneuriale dont j'ai parlé précédemment. Il ne paraît pas que là il y ait eu une enceinte ou camp. Ce sont des lignes de talus tracées parallèlement à la grande route et qui en touchent les rebords, dans une longueur d'à peu près 2 kilomètres. Ces talus sont en terre, élevés d'environ 2 mètres au-dessus du niveau de la chaussée, et établis sur une base qui varie de 5 à 6 mètres de largeur. Ces dimensions sont les mêmes que celles des nombreux épaulements que j'ai rencontrés dans les landes de la Bretagne, et qui sont connus généralement dans le pays sous le nom de *gros fossés,* parce que nous avons l'habitude de nommer *fossé* ce qu'ailleurs on nomme *talus* ou rejet de terre, et le vrai *fossé,* c'est-à-dire la partie creusée, effodiée, est pour nous la *douve* ou la *maie* du fossé.

Je serais, d'après cela, tenté de croire que cette longue ligne de talus ne serait autre chose qu'une ligne de défense d'un front de bataille, ayant pour principal objet de rompre l'effort de la cavalerie ; et, dans cette hypothèse, les retranchements du Vivier auraient une grande analogie avec un ouvrage de ce genre, tracé parallèlement à la voie romaine de Blain à Rennes, dans la paroisse de Conquereuc, et dont j'ai parlé dans le chapitre où j'ai décrit cette voie.

Un autre motif qui tendrait, selon moi, à confirmer cette opinion, c'est que ces talus sont doubles du côté O. de la grande route, et doubles et triples du côté E. C'est ce que je ne me rappelle avoir vu nulle part.

M. de la Fosse, qui m'a fourni tous ces renseignements, y a joint deux profils en travers qui donnent une idée exacte de la disposition de ces talus. L'échelle en est d'un millimètre pour mètre.

Sans cette multiplicité de talus, on pourrait prendre ces profils pour ceux d'une voie romaine avec ses deux bourrelets latéraux ou contre-fossés. Ce profil s'est bien souvent présenté à moi dans les landes où les voies, qui s'y sont presque toujours conservées dans leur intégralité, arrivaient à la sommité d'un renflement du terrain et dessinaient alors leur forme à l'horizon.

Mais cependant tout porte à croire que les ouvrages dont nous parlons sont des retranchements militaires, soit que la voie romaine les traverse, soit qu'elle en passe à une faible distance. J'ajouterai qu'ils doivent être considérés comme étant en rapport très-direct avec elle. Si l'on en pouvait douter, la nouvelle observation de M. de la Fosse qu'il avait bien voulu me transmettre dans sa lettre du 25 avril 1845, viendrait, ce me semble, écarter toute

hésitation. « En passant, dit-il, sur la grande route, le
» long de ces talus que je vous ai décrits, et qui sont bien
» certainement le camp soupçonné par M. le président de
» Robien, j'avais remarqué, tout au bord de la route,
» une légère inégalité de terrain, qui me parut être l'em-
» placement d'une construction détruite. Quelques jours
» après, j'y revins dans un but d'exploration, et je me
» convainquis, au premier coup d'œil, qu'il y avait eu
» dans ce lieu une construction romaine, si les briques,
» les tuiles à rebord et les autres débris analogues sont,
» comme on ne peut en douter, un indice de cette ori-
» gine. Le sol en était jonché sur une surface carrée de
» 10 à 15 mètres, et la saillie que forme encore le ter-
» rain en cet endroit, ne permet pas de douter qu'une
» fouille ne mît à découvert une masse considérable de
» débris. Une culture de froment risquée dans cette par-
» tie de la lande de Sautoger, ne permet pas de faire ce
» travail avant la récolte; mais je me réserve d'y employer
» quelques ouvriers en temps convenable. » Voilà, certes,
des preuves non équivoques d'un établissement romain en
ce lieu, et il ne reste plus qu'à en apprécier l'importance.
Ceci est donc, comme je l'ai déjà dit, un document très-
favorable à l'origine romaine des retranchements de Sautoger ou du Vivier, et à la présence extrêmement rappro-
chée de la voie dont nous recherchons la trace.

Le troisième camp est jeté beaucoup plus à l'E. de
cette voie, dont il est éloigné d'au moins deux kilomètres. Il est situé près de la maison d'Oranges, tout à
côté du bourg de Vieuxvic, sur une langue de terre entourée de trois côtés par la rivière de Coësnon. « Sa

» forme, dit M. Delafosse, est exactement celle d'un ca-
» nal mis à sec, avec des accotements ressemblant aux
» chemins de halage. Ce n'est encore là certainement
» qu'un ouvrage de campagne, et non une fortification
» permanente. » M. Delafosse ajoute que cet ouvrage est
bien plus considérable que celui de Sautoger, et que tout
le porte à croire qu'il remonte, comme celui-ci, à l'é-
poque romaine.

Ces trois points fortifiés nous paraissent évidemment
en rapport avec la voie dont nous parlons. Ils deman-
dent sans doute une exploration plus exacte et une des-
cription plus détaillée ; mais ce que l'on a rapporté suffit
déjà pour leur reconnaître une antiquité très-reculée.

Nous ne pouvons donc partager l'opinion de ceux qui
attribuent les retranchements de Sautoger à Louis d'Orléans, et ceux de Vieuxvy ou d'Oranges, au maréchal de
Rieux. Ces généraux ont pu s'en servir ; mais ils n'auraient point eu le temps de faire exécuter ces ouvrages
dans la courte campagne qui fut entreprise pour reprendre
la place de Saint-Aubin du Cormier, et se termina par
une bataille célèbre à laquelle on donna ce nom, mais
qui aurait dû se nommer la bataille *de Vieuxvic* ou *d'O-
ranges*, puisqu'elle fut donnée au village d'Oranges, où
était campée l'armée bretonne. Cette armée sortit de
Rennes : « Le premier logis, dit d'Argentré, liv. 12.e,
» chap. 43, fut à Andouillé, qui est une petite bour-
» gade, sur le chemin de Rennes à Saint-Aubin du Cor-
» mier, le 24 juillet, l'an 1488, où fut faicte la monstre,
» et trouvé l'armée se monter environ 8000 hommes de
» pied, et d'iceulx 800 Allemands envoyez par Maximi-

» lian, et environ 300 archers envoyez du roy Henry
» d'Angleterre... et y avoit quelque nombre d'artillerie. »
Ce fut là qu'on apprit la reddition de Fougères aux Français, qui s'avançaient au-devant de l'armée du duc pour
l'empêcher de reprendre Saint-Aubin du Cormier. « Les
» Bretons semblablement, continue d'Argentré, *ibid.*,
» chap. 45, firent marcher leur armée jusqu'au bourg
» d'Orenge, à trois lieues d'Andouillé, approchant l'en-
» nemy. C'estoit le samedy 26.e de juillet; le dimanche
» 27.e, l'on sceut que l'ennemy marchoit la mesme routte,
» et si commença l'on à asseurer qu'il se donneroit ba-
» taille, pourquoy plusieurs se mirent en estat et com-
» munièrent... Mais l'ennemy ne vint point ce jour-là. Le
» lundy 28 ensuivant, l'ordre fut tenu de mesme, et se
» plantèrent les Bretons sur le grand chemin de l'enne-
» my, ayans un petit bois taillis à costé, situé entre Saint-
» Aubin et le bourg d'Orenge. L'armée du Roy estoit con-
» duite par messire Louis de la Trémoüille... Les Fran-
» çois firent trois batailles... Or ne pensoient-ils pas que
» l'armée de Bretagne fust si près, et venoient à la file ;
» mais incontinent ils descouvrirent qu'ils estoient en
» voye, par leurs coureurs, lesquels se rencontrèrent,
» voulans faire leurs logis, d'une et d'autre part, sur un
» estang qui estoit près ledit bourg d'Orenge, où il se
» dressa une escarmouche qui dura bien deux heures....
» etc. »

Il ne paraît pas douteux, d'après ce récit, que la bataille ait été donnée dans le lieu même où les Bretons
avaient pris position le 26 juillet, c'est-à-dire au *bourg*
d'Orenge, suivant d'Argentré ; au *village* d'Oranges, suivant

dom Lobineau et dom Morice. Or, ce village ou ce château d'Orange est situé tout près du bourg de Vieuxvy ; et c'est là même qu'existent les vestiges, fort apparents, de l'enceinte fortifiée, que je crois être un camp romain. Que l'armée bretonne ait profité de cette enceinte en y prenant position, cela est vraisemblable; mais qu'arrivée le 23 à Andouillé, ou si l'on veut au camp de Borne, d'où elle délogea le 26 pour se porter à Orange, et donner bataille le 28, il n'y a vraiment pas moyen de croire qu'une petite armée de dix mille hommes ait pu, en aussi peu de temps, exécuter d'aussi grands ouvrages que ces deux camps. Il faut donc, ce me semble, ranger la tradition qui, au sujet de ces monuments, rappelle les noms du duc d'Orléans et du maréchal de Rieux, parmi celles qui attribuent *à notre bonne duchesse Anne* les voies romaines de la haute Bretagne, c'est-à-dire parmi toutes ces rêveries beaucoup trop répandues de gens qui n'ont étudié ni les monuments ni l'histoire.

Au-delà du village du Chemin, M. Delafosse vient encore une fois à notre aide pour nous indiquer la direction de la voie dans les environs de Romazy : « J'ai lieu de croire,
» dit-il, que nous retrouvons encore près de ce petit
» bourg la trace de notre voie romaine. En prenant des
» renseignements sur cette localité, j'ai su qu'on y avait
» un chemin des Romains, appelé ainsi dans le peuple,
» et l'on m'a indiqué la direction de ce chemin, qui, par-
» tant de la Fichepalais (*Fichepotais*, Cassini), prend
» en écharpe le coteau très-abrupt sur le sommet duquel
» est situé Romazy, où il arrive ainsi par une pente assez
» douce. De Romazy, la voie devait incliner vers le N.-

» E., traverser une petite lande et passer au *Chastel*, dont
» le nom significatif est appuyé par un retranchement
» composé d'un fort talus et d'une douve, qui m'avaient
» frappé il y a bien des années, parce que je ne pouvais y
» voir une simple clôture, à cause de leurs dimensions.
» Cet ouvrage, qui n'a pas moins de 300 mètres de lon-
» gueur, n'est probablement que le reste d'une fortifica-
» tion plus étendue; car, d'un côté, il borde la lande,
» et de l'autre sont des terres cultivées, qui ont pu enva-
» hir une partie de ce petit camp.

» Après ce jalon, nous en trouvons un autre encore
» dans la lande de la Cletterie, assez près du village
» d'Hardilloux (*Hardilleur*, Cassini), au S.-E. du bourg
» de Tremblay. Je n'ai point vu ce retranchement, qui
» ne m'a été signalé que depuis peu. Mais on m'a dit
» qu'il était de forme ronde; ce qui me fait supposer que
» ce doit être un camp à motte dans le genre de ceux du
» *Chastel* et de la Cheronais, près de Saint-Remy du
» Plain. Je ne tarderai pas à m'en assurer.

» Au-delà de Tremblay, nous entrons dans les do-
» maines archéologiques de M. Guitton de la Villeberge,
» sur les droits duquel je ne dois ni ne veux empiéter.
» M. Guitton, qui s'est occupé avec autant de zèle que
» de succès d'étudier les antiquités de son pays, a dû
» communiquer à M. de Gerville toutes les notions qu'il
» a recueillies dans sa localité. »

Je partagerais plus que personne, et à bon droit, les sen-
timents d'honorable réserve si bien exprimés par M. Delafosse, si les recherches de M. de la Villeberge m'étaient
connues. Mais, comme jusqu'à présent la ligne que je

parcours ne paraît pas avoir été étudiée, et que rien ne nous aide à reconnaître, en s'avançant vers la Normandie, la continuation de la voie, je crois devoir, à défaut de ces renseignements si désirables et qu'on nous donnera un jour, développer ce qu'une étude attentive de la carte de Cassini m'a procuré; et il me semble utile de consigner ici ces observations, qui, en provoquant des recherches sur cette ligne, amèneront nécessairement un résultat avantageux à la science.

De Rennes au *Chemin-Chaussée*, et du *Chemin-Chaussée* au village du *Chemin*, la ligne est droite, à très-peu de chose près. Si on continue cette direction, après avoir franchi le Coësnon et contourné les coteaux de cette rivière dans le voisinage du bourg de Romazy, ainsi que nous l'a expliqué ci-dessus M. Delafosse, on arrive au village du *Châtel*, dont le nom indique la présence d'un camp, qui s'y trouve, en effet, comme nous l'avons déjà dit.

La ligne passe ensuite aux villages de la Lioumais, des Touches, de la Clletterie et des Champs-Blancs, en laissant à moins d'un kilomètre à l'E. le camp d'Hardilloux, et à un kilomètre à l'ouest le bourg du Tremblay (1); franchit la rivière d'Oisance, entre la maison d'Ardenne et le village de la Hougrais; passe au village de la Gardais, puis à celui de la Fourtrais, à un demi-quart de lieue à l'E. du bourg de Saint-Oüen de la Roirie. A 4 ou 500

---

(1) En 1148, Conan de Chasteau-Giron concède à l'église de la Trinité de Savigné *totam terram quæ est inter* viam Redon. *et noam Juikel et inter Tremblæum et Borriandam.* D. Mor. Pr. 1. 602. Le chemin de Rennes, *via Redonensis*, passait donc dans le voisinage du Tremblay.

mètres à l'E. de la Fourtrais, on remarque le village du *Chastelet*, dont le nom indique encore une enceinte fortifiée. Enfin, à un quart de lieue au-delà, la ligne entre en Normandie, passe au village de la Croisette, puis à l'Est du bourg de Mont-Anel, qu'elle paraîtrait laisser à une distance d'un kilomètre. Cependant une remarque importante de M. Guitton de la Villeberge, qui habite Mont-Anel, ferait croire que la voie passerait directement dans ce bourg. C'est qu'indépendamment des débris de tuiles et de poteries romaines qui abondent dans cette localité, M. de la Villeberge a reconnu, par une charte du XIIe siècle, qu'un chemin passant par le cimetière de Mont-Anel, s'appelait alors *Chemin-Chaussé, queminum calciatum*. Le même observateur a trouvé à Mont-Anel beaucoup de médailles gauloises, dont trois en or. (M. de Gerville, *Vill. et Voies rom. du Cotentin.* II.)

C'est encore à M. de la Villeberge que nous devons un renseignement qui nous paraît en rapport direct avec la voie que nous recherchons. Une notice très-bien faite, insérée dans la Revue anglo-française, 1839, p. 360, nous apprend qu'à trois quarts de lieue N.-E. du bourg de Mont-Anel se trouve l'emplacement de l'ancien château de Charruel, et que cette enceinte militaire, depuis longtemps labourée, est encore entourée des bases de l'ancien rempart et présente la forme d'un carré parfait de 70 mètres sur chaque face, et dont les angles sont arrondis. Cette forme et sa position sur la croupe et le versant méridional d'une côte élevée, au pied de laquelle coule la rivière de Dierge, ont fait croire à M. Guitton qu'il pourrait avoir existé là un camp romain, une vigie, et même le siége d'un *Comes britannici limitis*. La faible distance de ce camp à la voie romaine de Rennes à Avranches donne un grand degré de probabilité à cette conjecture. On croit communément que Robert I.er, duc de Normandie, fit, en 1028, construire un château sur cet emplacement; mais il est fort croyable aussi que ce prince aura profité des travaux stratégiques exécutés par les Romains, comme cela est arrivé en tant d'autres lieux.

Un autre renseignement fourni par M. l'abbé des Roches, et apprenant qu'on trouve de la poterie romaine au village de Frilouze, à 2 kilomètres au Nord de Mont-Anel, confirmerait encore la direction de la voie par le bourg de ce nom.

Tout ce que je viens de dire depuis Romazy, à l'exception des excellents renseignements de M. Delafosse, ne peut compter que comme conjectures. C'est une série de questions à résoudre par ceux qui ont une parfaite connaissance des lieux, soit par une habitation continue, soit par une exploration faite avec soin. J'y ajouterai, en finissant, les observations suivantes.

Il est à présumer que du bourg de Mont-Anel, la voie allait passer à celui de la *Croix-en-Avranchin*. La continuation de la ligne droite que nous suivons depuis Rennes, y conduit; de là au *Pont-au-Bault* et à Avranches. Si, comme je le crois, c'est bien là la vraie direction de la voie romaine, elle n'est pas favorable à l'opinion de Danville, qui, séduit par une fausse analogie de nom, la faisait passer par le bourg de *Huynes*, placé à 2 lieues à l'ouest, parce qu'il s'imaginait y rencontrer l'*ad fines* de l'itinéraire d'Antonin. Il croyait avoir fait une découverte merveilleuse; car, comme on peut le voir, *Huynes* et

Fines, c'est tout un. Déjà l'abbé Déric, qui, malgré sa manie d'expliquer tous les noms de lieu par le bas-breton, dont il ne savait pas un mot (manie de laquelle de très-honnêtes gens ne sont pas encore guéris), ne manquait ni d'érudition ni même d'une certaine critique, l'abbé Déric avait battu en brèche la prétendue découverte. Il avait eu recours aux archives de la paroisse, et avait vu, dans un vieil obituaire de 1521, que *Huynes* y était nommé *Parochia divi Petri* DE HYMNIS. (Introd. à l'Hist. eccl. de Bret. I. 7.)

Une dernière observation portera sur ce que le président de Robien a dit que la voie qui passe près de Romazy, se rendait, de même que plusieurs autres, au bourg de *Fains*, qui paraîtrait avoir tiré son nom de la jonction de tous ces chemins qui semblent y prendre *fin*. Je ne m'arrêterai point à ce malheureux jeu de mots entre *Fains* et *fin*, peu digne de ce savant magistrat. Mais en étudiant la direction N.-N.-E. imprimée à la voie depuis le *Chemin-Chaussée* jusqu'aux landes de Gahard, direction qui indique celle des deux extrémités, je suis demeuré convaincu que M. de Robien a été mal informé. Il est impossible, en effet, qu'une ligne partant de Romazy et suivant, pendant 18 kilomètres, le S.-S.-O. pour se rendre au *Chemin-Chaussée*, et de là certainement à Rennes, soit la même que celle qui irait de Romazy à Feins, au S.-O. plein, en parcourant 11 kilomètres. Existerait-il un embranchement sur Feins ? Je ne le crois pas ; mais cela pourrait être cependant.

Blain, février 1843.

www.ingramcontent.com/pod-product-compliance
Lightning Source LLC
Chambersburg PA
CBHW060624050426
42451CB00012B/2408